Natureza, cultura
e desigualdades

Thomas Piketty

Natureza, cultura e desigualdades

Uma perspectiva comparativa e histórica

Conferência Eugène Fleischmann XIII,
proferida em 18 de março de 2022

Tradução de
Maria de Fátima Oliva Do Coutto

1ª edição

Rio de Janeiro
2024

Copyright © Société d'ethonologie, 2023, para o texto
Publicado mediante acordo com a Agence littéraire Astier-Pécher.
Todos os direitos reservados.

Imagens 1 a 4 e 18. CHANCEL, Lucas; PIKETTY, Thomas; SAEZ, Emmanuel; SUCKMAN, Gabriel et al. (coord.). *Rapport sur les inégalités mondiales 2022*, Paris, Éditions du Seuil/World Inequality Lab © Éditions du Seuil, 2022

Imagens 5 a 17 e Tabela 1. *Uma breve história da igualdade*. Tradução de Maria de Fátima Oliva Do Coutto. Rio de Janeiro: Intrínseca, 2022 © Editora Intrínseca, 2022

Título original: *Nature, culture et inégalités: une perspective comparative et historique*

Todos os direitos reservados. É proibido reproduzir, armazenar ou transmitir partes deste livro, através de quaisquer meios, sem prévia autorização por escrito.

Texto revisado segundo o Acordo Ortográfico da Língua Portuguesa de 1990.

Direitos desta tradução adquiridos pela
EDITORA CIVILIZAÇÃO BRASILEIRA
Um selo da
EDITORA JOSÉ OLYMPIO LTDA.
Rua Argentina, 171 – 3º andar – São Cristóvão
Rio de Janeiro, RJ – 20921-380
Tel.: (21) 2585-2000.

Seja um leitor preferencial Record.
Cadastre-se no site www.record.com.br
e receba informações sobre nossos lançamentos e nossas promoções.

Atendimento e venda direta ao leitor:
sac@record.com.br

CIP-BRASIL. CATALOGAÇÃO NA PUBLICAÇÃO
SINDICATO NACIONAL DOS EDITORES DE LIVROS, RJ

P685n   Piketty, Thomas, 1971-
        Natureza, cultura e desigualdades : uma perspectiva
        comparativa e histórica / Thomas Piketty ; tradução Maria
        de Fátima Oliva Do Coutto. - 1. ed. - Rio de Janeiro :
        Civilização Brasileira, 2024.

        "Conferência Eugène Fleischmann XIII, proferida em
        18 de março de 2022"
        Tradução de: Nature, culture et inégalités :
        une perspective comparative et historique.
        ISBN 978-65-5802-144-5

        1. Igualdade - História. 2. Estratificação social -
        História. 3. Capitalismo - Aspectos morais e éticos.
        I. Coutto, Maria de Fátima Oliva Do. II. Título.

24-89031   CDD: 305.5
                        CDU: 316.343.7

Gabriela Faray Ferreira Lopes – Bibliotecária – CRB-7/6643

Impresso no Brasil
2024

Sumário

Há desigualdades naturais?
A longa marcha rumo à igualdade   7
A evolução das desigualdades
e dos regimes desigualitários   13
A desigualdade de renda   19
As desigualdades de patrimônio   25
As desigualdades de gênero   29
Contrastes na marcha rumo à igualdade
na Europa   33
O exemplo sueco   43
A ascensão do Estado social:
o exemplo dos gastos com educação   47
Rumo ao aprofundamento
da igualdade de direitos   59
O imposto progressivo   63
O que fazer com a dívida?   77
Natureza e desigualdades   85

Conclusão   93
Referências bibliográficas   95

Há desigualdades naturais?
A longa marcha rumo à igualdade

Os regimes desigualitários – a saber, a estrutura e o nível das desigualdades socioeconômicas em diferentes sociedades, bem como sua evolução ao longo do tempo – são de uma diversidade extraordinária.[*] Para compreender esse fenômeno, a história e as culturas humanas desempenham papel crucial. Na verdade, essas desigualdades estão vinculadas a trajetórias socioeconômicas, políticas, culturais, civilizatórias ou religiosas bastante distintas. A cultura, em seu sentido amplo – e talvez as mobilizações coletivas políticas ocupem posição ainda mais preponderante –, permite explicar a diversidade, o nível e a estrutura das desigualdades sociais observadas. Em sentido oposto, o peso dos fatores considerados "natu-

---

[*] Este texto é a transcrição de uma conferência proferida no dia 18 de março de 2022, no Musée du quai Branly – Jacques Chirac, a convite da Société d'ethnologie de Paris.

rais" (talentos individuais, doações em recursos naturais ou outros fatores do gênero) é relativamente reduzido.

O exemplo da Suécia, considerada um dos países mais igualitários do mundo, é interessante sob este ponto de vista: alguns atribuem esse estado de fato a características atemporais do país, a uma cultura que teria, "por natureza", uma tendência à igualdade. Na realidade, durante muito tempo, a Suécia foi um dos países mais desigualitários da Europa, com uma sofisticação impressionante na organização política de sua desigualdade. Tal conjuntura transformou-se rapidamente ao longo do segundo terço do século XX graças à mobilização política e social, após a chegada do partido social-democrata ao poder no início dos anos 1930. Esse partido, que a partir de então governou o país por meio século, pôs a capacidade estatal sueca a serviço de um projeto político totalmente diferente do anterior.

A Suécia representa, nesse aspecto, um interessante caso de como se vacinar contra qualquer ideia de determinismo a longo prazo, que estaria ligado a fatores naturais, ou até mesmo culturais, e explicaria o motivo de certas sociedades serem eternamente igualitárias, enquanto outras (a Índia, por exemplo) são eternamente desigualitárias. As construções sociais e políticas podem se modificar, por vezes bem mais rápido do que os observadores contemporâneos imaginam – em particular, os vencedores do sistema, os grupos dominantes que, por razões óbvias, tendem a naturalizar as desigualdades, a apresentá-las como eternas e a advertir contra qualquer mudança que venha a ameaçar essa deliciosa harmonia. A realidade é bem mais mutável e está em perpétua reconstrução: ela é fruto de relações de força, de compromissos institucionais e de bifurcações inacabadas.

De qualquer modo, além dessa grande diversidade de regimes desigualitários, observa-se, contudo, uma profunda mudança no decorrer dos últimos séculos: a tendência rumo a uma igualdade social maior. Trata-se, sem dúvida, de uma marcha situada historicamente, que não começou no período Neolítico nem na Idade Média, por exemplo: pertence a uma história muito particular iniciada em 1789 – ou, digamos, no fim do século XVIII – e que conduz a uma igualdade política e socioeconômica mais influente.

Essa marcha limitada rumo à igualdade é um processo hesitante, caótico, no qual o conflito social desempenha papel preponderante e que, ademais, põe em jogo dinâmicas de aprendizado coletivo. No livro *Capital e ideologia* (publicado na França em 2019 e no Brasil em 2020), insisti no tema do aprendizado coletivo por instituições justas, sobretudo em torno da questão das fronteiras: quais são os contornos da comunidade à qual pertencemos? Como organizar o poder e o regime políticos dentro dessa comunidade? As mesmas questões se aplicam à propriedade: quais são as regras coletivas que definem os limites e a extensão dos direitos de propriedade? O que temos o direito de possuir? O que significa ser proprietário?

Em torno dessas duas questões centrais – a fronteira e a propriedade – orbitam os conflitos e os deslocamentos pelos quais cada país tenta conhecer a própria trajetória, muitas vezes esquecendo-se em demasia do passado dos outros. Todos os países se encontram nessa trajetória de aprendizado que, a longo prazo, tende a conduzir à maior igualdade, mesmo que de modo hesitante, ou mesmo que esse movimento geral seja pontuado por múltiplas fases de retrocesso.

Por fim, além dessa diversidade de regimes desigualitários e dessa limitada marcha rumo à igualdade, cabe lembrar outro tipo de relação entre natureza, cultura e desigualdade que eu gostaria de discutir e com a qual concluirei este texto: a destruição da natureza, da biodiversidade, o aquecimento global e as emissões de carbono. Nas próximas décadas, essas questões ocuparão um papel cada vez mais central. Pode ser que levem a uma necessidade de igualdade que supere a constatada recentemente: não haverá saída para a crise do aquecimento global, não haverá reconciliação possível entre o homem e a natureza sem uma redução drástica das desigualdades e sem um novo sistema econômico radicalmente distinto do sistema capitalista atual. Para descrever esse sistema, utilizo o termo "socialismo participativo, democrático e ecológico", mas é claro que podemos inventar outros nomes – e os inventaremos, sem sombra de dúvida. De qualquer maneira, considero imperativo, se quisermos enfrentar esses desafios, reabrir o debate acerca da mudança do sistema econômico e de sua evolução a longo prazo.

A evolução das desigualdades e dos regimes desigualitários

Os elementos que apresentarei aqui provêm em parte do livro *Uma breve história da igualdade*, publicado originalmente em 2021, e em parte da *World Inequality Database* (a partir da qual o *Rapport sur les inégalités mondiales 2022* foi elaborado). Essa base de dados, fruto de um trabalho coletivo, abrange as desigualdades mundiais a partir de pesquisas de mais de cem pesquisadores internacionais. Graças a ela, foi possível coletar dados históricos que permitiram elucidar a evolução da distribuição de renda e do patrimônio ao longo de extensos períodos – por vezes, mais de três séculos.

Esse campo de pesquisa acerca das desigualdades é fruto, ele próprio, de uma longa história, e eu apenas dou continuidade a trabalhos bem mais antigos. Poderia citar Fernand Braudel, Ernest Labrousse, Adeline Daumard, François Simiand, Christian Baudelot, Gilles Postel-Vinay, entre muitos outros. Há uma forte tradição francesa de historiadores, sociólogos e economistas que, a partir do início do século XX, têm tentado reunir dados referentes a salários, rendas, juros, lotes de terra e heranças. Tive a sorte de começar a trabalhar em uma época na qual a digitalização desses dados facilitava muito a acumulação de conhecimento. É isso, por sinal, que chama atenção ao lermos as obras de Labrousse ou as de Daumard: as operações de coleta de dados eram feitas manualmente, o que tomava muito tempo. Era necessário coletar os dados de heranças nos arquivos parisienses e das províncias em fichas pautadas. Isso representava um trabalho considerável, deixando, infelizmente, poucos rastros aproveitáveis para os próximos pesquisadores. O desaparecimento parcial dessa história considerada "serial" deve-se, em parte, ao fato de a organização e a descrição da coleta em si consumir grande parte da energia do pesquisador, por vezes em detrimento da análise dos dados. Sem dúvida, é bem mais simples realizar esse trabalho de coleta hoje, em uma escala comparativa mais vasta e obedecendo a uma lógica diretamente cumulativa.

Além disso, o fato de incorporar de maneira explícita o século XX no longo período estudado (o que não ocorria na primeira onda da história serial, centrada nos séculos XVIII e XIX), nos obriga a estabelecer a história, em particular a política, no cerne da análise. Quando se observa o século XVIII, ou até o XIX, é possível de certa forma imaginar – de maneira equivocada, em minha opinião – tendências muito significativas, independentes das evoluções políticas. No entanto, quando se trata do século XX, tudo salta aos olhos de modo instantâneo, tão logo se desenham curvas com salários, rendas e patrimônios: a Primeira Guerra Mundial, a Segunda Guerra Mundial, a Libertação, Maio de 1968 etc. De imediato, somos obrigados a recorrer à história política a fim de explicar essas rupturas diante de nossos olhos. Vale salientar, desde já, que me refiro aqui à dimensão construtiva e coletiva da história política. Ao contrário do que alguns afirmam, não são as guerras em si, nem acontecimentos catastróficos como a Grande Peste, que produzem a igualdade. No caso da Revolução Francesa, as guerras serviram, na verdade, para sufocar a revolução. Em muitos países, ambas as guerras mundiais tiveram poucos efeitos em termos de igualdade: tudo depende das construções e das oportunidades existentes. Foram sobretudo as mobilizações políticas e sindicais as responsáveis pelas mudanças, como na Suécia, onde os dois conflitos mundiais tiveram pouco impacto. Nos Estados Unidos, foi a crise dos anos 1930 em especial, e não a Primeira Guerra Mundial, que desempenhou papel importante na implementação das políticas públicas. As verdadeiras forças de mudança, como veremos, foram as mobilizações social e política, assim como a capacidade de criar oportunidades institucionais.

Tive, portanto, a sorte de iniciar minhas pesquisas nesse contexto intelectual e contar com redes internacionais de pesquisadores, como os que contribuíram para a *World Inequality Database*. Isso me permitiu ampliar o foco comparativo e histórico, e, ao mesmo tempo, constatar a imensa diversidade de regimes desigualitários e os limitados avanços rumo à igualdade à qual me referi anteriormente. A fim de oferecer uma ideia inicial quanto à diversidade dos regimes desigualitários capazes de existir em nível mundial, começarei apresentando alguns resultados a partir de um critério bem simples: a distribuição de renda. Em seguida, vou me concentrar na distribuição do patrimônio. Definamos, desde já, a diferença entre estes dois termos: a renda compreende o que se ganha ao longo de um ano e pode provir das rendas do trabalho ou do patrimônio (aluguel, juros, dividendos etc.); o patrimônio compreende o que se possui (propriedades, bens profissionais, títulos financeiros etc.) e é sempre distribuído de modo bem mais desigual que a renda. A detenção de capital determina a estrutura das relações de poder: é óbvia, com certeza, para a posse dos bens profissionais e os meios de produção, assim como para a posse de moradia no marco de reprodução da vida privada e familiar, e para a posse do Estado e do poder público por meio da dívida pública, segundo diferentes modalidades.

A desigualdade de renda

Comecemos pela renda. Nesse caso, dispomos de um indicador relativamente simples: a proporção da renda total concentrada pelos 10% dos que detêm rendas mais elevadas. Por definição, em uma sociedade perfeitamente igualitária, essa parcela deveria ser igual a 10% da renda total, pois representa 10% da população. Numa sociedade perfeitamente desigualitária, esses 10% mais ricos monopolizariam todas as rendas, e sua parcela na renda total deveria, portanto, chegar aos 100%.

Naturalmente, a realidade está sempre no meio-termo. Como é possível observar na Imagem 1, os níveis de desigualdade mais baixos (de 20% a 30%) são encontrados na Europa Setentrional e os mais elevados, na África do Sul, em uma proporção que chega aos 70%. Isso proporciona uma primeira ideia geral das consideráveis variações dos níveis de desigualdades no planeta.

Imagem 1: Renda da parcela mundial do topo (os 10% mais ricos), 2021

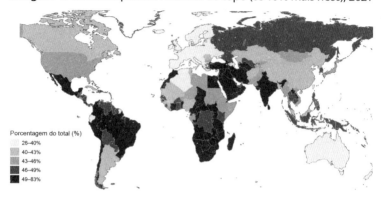

Porcentagem do total (%)
26–40%
40–43%
43–46%
46–49%
49–83%

Na África do Sul, a parcela no topo da pirâmide (os 10% mais ricos) concentra 67% da renda nacional, contra 32% na França. As rendas são calculadas após operações vinculadas aos sistemas de aposentadoria e seguro-desemprego, mas antes de deduzidos os impostos e transferências.

Fontes: wir2022.wid.world/methodology.

Imagem 2: Renda da parcela mundial da base (os 50% mais pobres), 2021

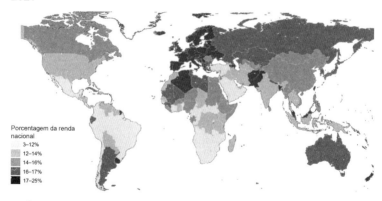

Porcentagem da renda nacional
3–12%
12–14%
14–16%
16–17%
17–25%

Na África do Sul, a parcela na base da pirâmide (os 50% mais pobres) concentra 5% da renda nacional, contra 23% na França. As rendas são calculadas após operações vinculadas aos sistemas de aposentadoria e seguro-desemprego, mas antes de deduzidos impostos e transferências.

Fontes: wir2022.wid.world/methodology.

A DESIGUALDADE DE RENDA

Se tentarmos, por alto, saber quais as áreas mais igualitárias e desigualitárias do mundo, constataremos de início muitas variações, por vezes em uma mesma região: na América Latina, por exemplo, a desigualdade presente na Argentina é menor do que no Brasil ou no Chile, como resultado da história sociopolítica do país e do início da construção, durante o governo peronista, de um Estado social mais consequente que o de seus vizinhos. Entretanto, algumas regiões são, em seu conjunto, mais marcadas por essas desigualdades: a África do Sul, em razão de sua herança ligada ao *apartheid*, e a África Austral em geral; a América Latina como um todo é bastante marcada pelas desigualdades relativas a propriedades, cuja origem repousa na colonização espanhola e nos regimes políticos que a sucederam; a América do Norte carrega igualmente a marca de desigualdades raciais específicas. De modo geral, a presença da herança colonial é muito constante na estrutura das desigualdades. Há também áreas, como o Oriente Médio, onde a imensa desigualdade não está vinculada a um passado de desigualdades raciais ou coloniais, mas sim a uma realidade moderna, em especial à renda petrolífera que se transforma em renda financeira, na qual há uma extrema concentração de distribuição. Por conseguinte, verificamos, no atual mapa das desigualdades, uma mescla do antigo e do moderno, de acordo com lógicas diferentes que se entrelaçam.

Tal indicador é ainda mais assustador quando examinado a partir da parte inferior da distribuição da renda: qual é a participação dos 50% mais pobres na renda nacional total (ver Imagem 2)? Nesse caso, também é preciso manter em mente as ordens de grandeza. Se tivéssemos uma sociedade perfeitamente igualitária, os 50% mais pobres deveriam deter 50% da renda total. Em contrapartida, se tivéssemos uma sociedade totalmente desigualitária, eles não deveriam ter nada. Na prática, esse número se eleva para 5% ou 6% nos países mais desigualitários (na África do Sul, por exemplo), e para 20% ou 25% nos países mais igualitários (mais uma vez, a Europa Setentrional). Contudo, em nenhum caso esse número chega aos 50%. Quando se diz que essa parcela recebe 25% da renda total, isso significa que a renda média dos 50% mais pobres é aproximadamente a metade da renda nacional média. Sem dúvida, ainda há desigualdades, embora menos expressivas do que quando essa cifra representa 5% da renda total e a renda média dessa população corresponde a um décimo da renda média nacional.

De modo geral, cabe ainda considerar a imensa diversidade de situações. Levando-se em conta apenas o produto interno bruto (PIB) de um país ou sua renda média nacional, deixa-se escapar por completo a realidade das condições de vida de grupos sociais consideráveis dessa sociedade. Para uma mesma renda média observada, a parcela da renda dos 50% mais pobres* pode variar em uma proporção de 1 a 5, dependendo do modelo de distribuição da renda (de 5% da renda total na África do Sul a 25% na Suécia, caso a intenção seja simplificar). Quando o interesse se concentra na evolução da pobreza, perde-se muito se considerada apenas a renda média em seu conjunto.

É impossível compreender essa diversidade de desigualdades a partir de fatores "naturais". Essa distribuição não pode ser baseada nos talentos individuais, dons ou temperamentos – seria surpreendente a distribuição desses talentos individuais variar tanto de país para país – nem nos recursos naturais dos países – existe petróleo tanto no Oriente Médio quanto na Noruega; no entanto, as distribuições de renda são totalmente distintas. É evidente que as instituições escolhidas por essas diferentes sociedades, produzidas por sua vez em razão de diferentes histórias sociais, culturais, políticas e ideológicas, resultam em variações de magnitude considerável nos níveis de desigualdades.

---

* Na base de dados WID.world, é possível aprofundar a pesquisa, centésimo por centésimo, milésimo por milésimo. Apresento aqui os indicadores em termos mais globais.

As desigualdades de patrimônio

O que constatamos no que diz respeito à distribuição de renda também se aplica à distribuição de patrimônio, não obstante uma leve nuance que vale a pena ressaltar: a distribuição da propriedade, do patrimônio imobiliário, financeiro e profissional, é sempre bem mais concentrada que a distribuição de renda. No que tange à renda, a parcela dos 10% mais ricos se situa entre 25% e 70%, na Suécia e na África do Sul, respectivamente. Quanto ao patrimônio, essa parcela dos 10% mais ricos se situa sempre entre 60% e 90%. Contudo, enquanto a parcela dos 50% mais pobres oscila entre 5% e 25% no que diz respeito à renda, no caso do patrimônio ela é sempre inferior a 5% (ver Imagem 3).

Resumindo, os 50% mais pobres nada, ou quase nada, possuem. Na Europa, e em especial na França, essa parcela da população detém apenas 4% do patrimônio total. Decerto, a situação é bem melhor do que na América Latina,

Imagem 3: A concentração extrema do capital: desigualdades de patrimônio por região no mundo, 2021

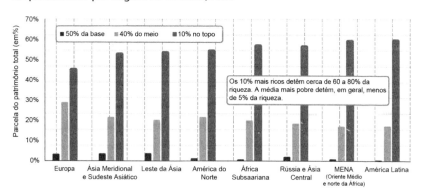

Na América Latina, os 10% mais ricos detêm 70% do patrimônio das famílias, contra 1% para os 50% mais pobres. O patrimônio líquido das famílias é igual à soma dos ativos financeiros (ações e obrigações, por exemplo) e não financeiros (moradias e terrenos, por exemplo) detidos pelos indivíduos, deduzidas as dívidas.

Fontes: wir2022.wid.world/methodology.

AS DESIGUALDADES DE PATRIMÔNIO

onde esse número não passa de 2%, mas continua sendo uma proporção muito baixa para metade da população.

É importante manter em mente esses dados. Com efeito, quando esses panoramas de desigualdades mundiais são elaborados, surge uma tendência, com muita frequência na Europa – em particular na França –, de se extasiar diante da igualdade reinante em nossos países. Isso ajuda a avaliar as coisas com mais precisão: sim, existiu um movimento histórico rumo à igualdade notavelmente mais forte na França e na Europa que em outras partes do mundo; porém, vale ressaltar, em primeiro lugar, que isso não se produziu sozinho – esse movimento se deu graças a lutas políticas e sociais consideráveis – e, em segundo lugar, diz respeito sobretudo à distribuição da renda, que foi, de fato, mais igualitária em um século. Em relação à distribuição do patrimônio, houve pouquíssima evolução. Há um século, na França, a parcela dos 50% mais pobres era de 2%, igual à atual na América Latina, elevando-se a partir de então para 4%, o que decerto é um progresso, apesar de totalmente insignificante e em nada alterar a realidade geral: a propriedade como um todo (imobiliária, financeira, profissional) é extremamente concentrada. Se limitássemos a análise ao capital profissional e aos meios de produção, o quadro mostraria uma concentração ainda mais significante. A parcela dos 10% do topo seria de 80% a 90%, ou até mais do total, e a dos 50% da base seria quase nula. O sistema social jamais deixou de ser caracterizado pela extrema concentração do poder econômico. A redistribuição da propriedade produziu um impacto significativo na desigualdade existente entre os 10% mais ricos e os 40% seguintes, quase sem afetar, contudo, os 50% da base da pirâmide.

As desigualdades de gênero

Tentamos, em termos gerais, no estudo da *World Inequality Database*, desenvolver métodos e fontes que permitam obter dados que possam ser comparados o máximo possível em diferentes partes do mundo. Iniciamos esse trabalho com as desigualdades de renda para, então, nos concentrar nas de propriedade e, em seguida, estabelecer um indicador simples a fim de analisar as desigualdades de gênero: a parcela das mulheres na renda total do trabalho (salários e rendas de atividade não remunerada). Caso houvesse uma igualdade perfeita, esse percentual deveria ser de 50%. Na verdade, se examinarmos as pesquisas referentes ao tempo de trabalho, incluindo, obviamente, as tarefas domésticas, as mulheres sempre ultrapassam os 50% do tempo de trabalho total. Em termos ideais, sua contribuição na renda total deveria, portanto, ultrapassar os 50%. Na prática, contudo, constata-se que ainda estamos muito longe disso (ver Imagem 4). E, se houve

Imagem 4: Parcela de rendas de trabalho recebida pelas mulheres em diferentes regiões do mundo, 1990-2020

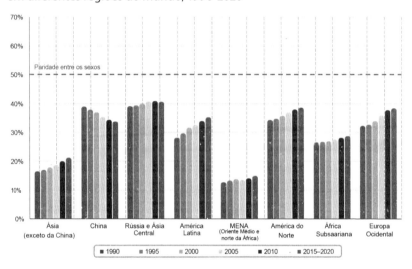

De 1990 a 2020, a parcela das rendas referente ao trabalho recebida pelas mulheres na América do Norte passou de 34% a 38%.

Fontes: wir2022.wid.world/methodology e Neef e Robilliard (2021).

AS DESIGUALDADES DE GÊNERO

progresso (na Europa, por exemplo, esse indicador passou de 30% para 36% ao longo das últimas décadas, o que, ainda assim, representa 64% para os homens), houve também retrocesso em alguns países: a China, que apresentava números um pouco mais elevados do que outros lugares do mundo, devido à sua herança comunista, mostrou tendência de regressão nas últimas décadas, em especial em consequência da explosão de remunerações altíssimas recebidas pelos homens, como também ocorreu em outros países.

Esse tipo de indicador tem o mérito de fornecer uma imagem mais justa da magnitude das desigualdades de gênero quando se trata do campo econômico em comparação a outros indicadores que tendem a suavizar a realidade: é comum se contentar em olhar para as diferenças de salário em determinados cargos quando a questão é justamente que homens e mulheres não têm, em hipótese alguma, acesso aos mesmos cargos.

Nesse estudo, analisamos o percentual real das mulheres na renda total. Evidentemente, isso abrange diversos fatores: existe a desigualdade nas remunerações da ordem de 10% a 20%, assim como a desigualdade referente ao tipo de cargo a que se tem acesso, o meio expediente involuntário, a ausência de mulheres nos cargos mais bem remunerados, sendo promovidas etc.

Atualmente, na França, as mulheres representam 35% na renda total contra os 65% dos homens. Para examinar a situação com mais clareza, a parcela de mulheres era de 20% em 1970, o que não difere muito da situação atual nos países da Ásia Meridional, na Índia ou no Oriente Médio. Nessa situação, as mulheres eram excluídas quase por completo do sistema monetário e do poder de compra. Não resta dúvida sobre a evolução nesse sentido, mas não se deve exagerar sua dimensão. O patriarcado econômico está intimamente ligado ao desenvolvimento do capitalismo, e o processo de abandono desse sistema está apenas no início, apesar de ainda ser assombroso constatar as gigantescas variações entre países e regiões do mundo que estão estritamente ligadas a distintos processos sócio-históricos e políticos.

Contrastes na marcha rumo à igualdade na Europa

Gostaria de retomar as questões da evolução histórica das desigualdades. A França é um dos países dos quais possuímos dados históricos mais definidos acerca das rendas e, ainda mais, dos patrimônios e das propriedades. Isso se deve, sobretudo, ao fato de que a Revolução Francesa instituiu um sistema de registro de heranças e patrimônios que permite encontrar nos arquivos de sucessões dados incomumente ricos que datam do fim do século XVIII (ver Imagens 5 e 6).

Com efeito, em relação às rendas, observa-se de fato um movimento rumo a uma igualdade maior ao longo dos dois últimos séculos, em particular ao longo do século XX. A porcentagem dos 10% mais ricos passou de 50% para 30%–35%, enquanto a dos 50% mais pobres passou de 10%–15% para 20%–25%. No entanto, cabe relativizar a magnitude desse movimento. Na realidade, como já vimos, a parcela dos 50% mais pobres ainda é claramente inferior à dos 10% mais ricos, embora os 50% mais pobres sejam, por definição, cinco vezes mais numerosos.

O nível de desigualdade é ainda mais notável no que diz respeito à distribuição da propriedade, e a marcha rumo à igualdade, muito mais limitada. Decerto, é possível observar uma sensível diminuição da parcela constituída pelos 10% mais ricos na detenção das propriedades totais, que passou dos 80%–90% até a Primeira Guerra Mundial para os 50%–60% nos dias de hoje, embora tenha voltado a subir depois dos anos 1980. Por um lado, portanto, é importante reconhecer essa redução a longo prazo, mas sem atribuir grandeza à sua relevância.

Por outro lado, essa redução se deu quase que exclusivamente em prol do grupo constituído pelos 40% seguintes, situado entre os 10% mais ricos e os 50% mais pobres. Quanto aos 50% mais pobres, estes quase não se beneficiaram da redistribuição da propriedade ao longo de dois séculos.

Na Europa Ocidental (Alemanha, Reino Unido, França e Suécia), as evoluções são bastantes similares: entre 1913 e 2020, observa-se uma tendência à concentração do patrimônio um pouco menos extrema (ver Imagens 7 e 8). A diferença é simples: trata-se da emergência do que denominei de "classe média patrimonial". Esses 40%, que não fazem parte nem dos 10% mais ricos nem

Imagem 5: A distribuição de renda na França, 1800-2020: o início de um movimento de longo prazo rumo à igualdade?

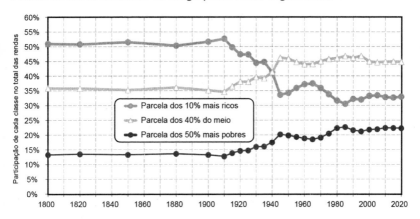

A parcela dos 10% mais ricos na renda total, incluindo rendas do trabalho (salários, rendas de atividades não assalariadas, aposentadorias, seguro-desemprego) e rendas de capital (lucros, dividendos, juros, aluguéis, ganhos de capital etc.), abrangia em torno de 50% dos patrimônios na França, entre 1800 e 1910. A desconcentração de renda começa após as duas guerras mundiais e ocorre tanto em benefício das "classes populares" (os 50% com rendas mais baixas) quanto das "classes médias" (os 40% do meio), e em detrimento das "classes superiores" (os 10% com rendas mais elevadas).

Fontes e séries: www.piketty.pse.ens.fr/egalite.

Imagem 6: A distribuição da propriedade na França, 1780-2020: a difícil emergência de uma classe média patrimonial

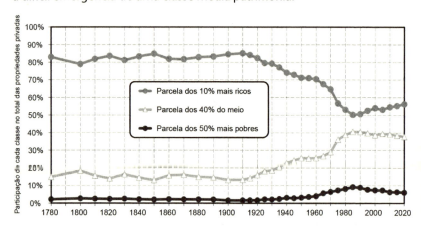

Na França, no período de 1780 a 1910, a parcela dos 10% mais ricos no total das propriedades privadas (ativos imobiliários, profissionais e financeiros, livres de dívidas) detinha entre 80% e 90% do total. A desconcentração dos patrimônios começa após a Primeira Guerra Mundial e é interrompida no início dos anos 1980. Ela beneficia principalmente as "classes médias patrimoniais" (os 40% do meio), aqui definidas como grupos intermediários entre as "classes populares" (os 50% mais pobres) e as "classes superiores" (os 10% mais ricos).

Fontes e séries: www.piketty.pse.ens.fr/egalite.

Imagem 7: A persistência da hiperconcentração da propriedade

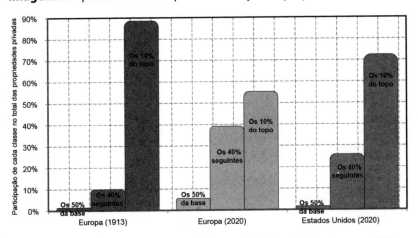

A participação dos 10% mais ricos no total das propriedades privadas chegava a 89% na Europa (média entre o Reino Unido, a França e a Suécia) em 1913 (contra 1% para os 50% mais pobres), 56% na Europa em 2020 (contra 6% para os 50% mais pobres) e 72% nos Estados Unidos em 2020 (contra 2% para os 50% mais pobres).

Fontes e séries: www.piketty.pse.ens.fr/egalite.

Imagem 8: A extrema desigualdade da riqueza: as sociedades de proprietários europeus na Belle Époque (1880-1914)

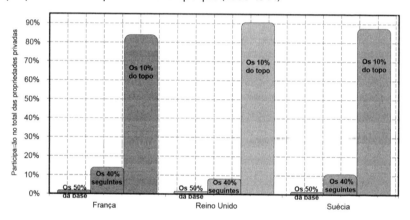

A participação dos 10% das riquezas mais elevadas no total de propriedades privadas (ativos imobiliários, profissionais e financeiros, livres de dívidas) era, em média, de 84% na França entre 1880 e 1914 (contra 14% para os 40% seguintes e 2% para os 50% mais pobres), 91% no Reino Unido (contra 8% e 1%) e 88% na Suécia (contra 11% e 1%).

Fontes e séries: www.piketty.pse.ens.fr/egalite.

dos 50% mais pobres, praticamente nada possuíam até 1913, ou seja, eram quase tão pobres quanto os 50% mais pobres. Hoje, esse grupo detém 40% do patrimônio total e representa 40% da população: seu patrimônio médio gira em torno de 200 mil euros por adulto. Para essas famílias, a média é de 100 mil euros por adulto, podendo chegar a 100, 200, 300 ou 400 mil euros. São pessoas que não são imensamente ricas, mas estão bem longe de ser completamente pobres e, logo, não gostam de ser tratadas como tal. Dos pontos de vista econômico, social e político, o surgimento de tal grupo é um acontecimento considerável, embora, do ponto de vista dos 50% mais pobres, o acesso ao patrimônio se mantenha quase nulo.

Na Europa, a situação é caracterizada pela persistência de uma hiperconcentração da propriedade e pela aparição de uma classe média patrimonial. Nos Estados Unidos, observa-se uma situação intermediária entre a da Europa atual e a da Europa antes da Primeira Guerra Mundial, com um encolhimento da classe média patrimonial, que era mais ou menos igual à da Europa de trinta ou quarenta anos atrás e que tende a retomar os patamares do período pré-Primeira Guerra Mundial.

Em termos gerais, a história das desigualdades nos países europeus antes da Primeira Guerra Mundial traz inúmeros ensinamentos. Trata-se de um período muito rico quando comparado ao atual e que muito me marcou em minha trajetória de pesquisador. Com meus colegas de trabalho e amigos Gilles Postel-Vinay e Jean-Laurent Rosenthal, pudemos, assim, demonstrar que o nível de concentração da propriedade na França antes de 1914 não diferia muito do existente no Reino Unido. Tal fato é interessante, pois os discursos políticos da Terceira República estabeleciam incessantes comparações com o Reino Unido. Um dos principais pontos das elites – políticas, financeiras, republicanas – de centro era afirmar: "Em nada nos assemelhamos ao Reino Unido. Somos um país igualitário graças à Revolução Francesa; assim, não precisamos criar um imposto progressivo sobre as rendas ou as heranças. Isso é útil para países monarquistas como o Reino Unido, bastante desigualitário, ou para países muito autoritários como a Prússia, mas nós, que inventamos tanto a liberdade quanto a igualdade, já somos um país de pequenos proprietários e distribuímos a propriedade fundiária." E é verdade, exceto que a propriedade foi pouquíssimo distribuída, e, vale ressaltar, não é de fato a propriedade fundiária que tinha importância em 1913. A posse da terra ser efetivamente mais concentrada no Reino Unido era fator secundário quando levado em conta o fato de que, do ponto de vista das carteiras financeiras investidas na época, no mundo inteiro, ou do capital industrial, ser uma república e não uma monarquia em nada modificava a acumulação e a concentração de fortunas. A França e o Reino Unido apresentavam um nível quase tão elevado de concentração de riqueza. Isso me permitiu revelar, com um século de distância, a hipocrisia de grande parte dos discursos, sobretudo os dos economistas da época, como Paul Leroy-Beaulieu e outros, que insistiam fervorosamente na ideia da França como uma nação de pequenos proprietários.

Os dados já começavam a ser utilizados na época, pois o imposto sobre as sucessões se tornara ligeiramente progressivo pela lei de 1901. Constata-se, assim, que mudanças no dispositivo institucional e fiscal permitem produzir informação e conhecimento, que, depois, podem ser mobilizados. Por exemplo, Joseph Caillaux chegou a afirmar na tribuna da Câmara dos Deputados, munido de estatísticas concernentes à sucessão, que a França não era um país de pequenos proprietários. Os dados foram também utilizados para a criação do imposto sobre a renda em 1914, apesar de seu impacto não ter muito peso para enfrentar os novos desafios com os quais o país é confrontado. Na verdade, a França foi quase o último país ocidental a instituir o imposto de renda, graças à lei de 15 de julho de 1914. A maioria da Câmara e do Senado aceitou sua aprovação não para investir em escolas, mas para financiar a guerra contra a Alemanha. Foi o único fator que acabou destravando a situação apesar de o imposto progressivo sobre a renda já existir havia tempos em muitos países da Europa Setentrional, no Japão, no Reino Unido e nos Estados Unidos. O atraso da França pode ser explicado em parte por essa complacência igualitária posterior à Revolução Francesa.

O exemplo sueco

Gostaria de me deter em outro caso interessante: o da Suécia, que hoje costuma ser vista como um país extremamente igualitário. No entanto, não era esse o caso no início do século passado. Todos os países europeus eram extremamente desigualitários, e a Suécia se encontrava em uma situação intermediária entre a França e o Reino Unido. Mas, no caso sueco, a desigualdade tinha uma estrutura específica. Na França e no Reino Unido, o império colonial desempenhava um papel importante: os ativos coloniais, os ativos no restante do mundo constituíam uma parte fundamental das grandes fortunas. Esse não era o caso na Suécia, logicamente, onde outros fatores, ligados ao sistema político, contribuíam para um robusto nível de desigualdade.

De 1865 a 1910, a Suécia tinha um sistema censitário particularmente sofisticado, no qual o direito de voto censitário foi mantido até a Primeira Guerra Mundial –

ou seja, durou bastante se comparado a outros países que estenderam o direito de voto, entre eles o Reino Unido, no século XIX; na Suécia, apenas os 20% homens mais ricos podiam votar. Mas o sistema era ainda mais restritivo, pois entre esses 20% mais ricos eram concedidos de um a cem direitos de voto, dependendo do nível de riqueza. Quanto mais rico, mais votos. E mais: se nas eleições legislativas havia um teto fixado em cem votos por homem, nas eleições municipais esse teto não era aplicado! Por consequência, em dezenas de comunas suecas, um único eleitor detinha mais de 50% dos direitos de voto, o que o tornava um ditador com perfeita legitimidade democrática. O primeiro-ministro do país quase sempre era um aristocrata que dispunha de mais de 50% dos direitos de voto em sua comuna.

As empresas e as pessoas jurídicas também tinham direito a votar nas eleições municipais até a Primeira Guerra Mundial, na mesma proporção do capital investido na comuna e do nível de suas rendas. As multinacionais de hoje adorariam dispor desse poder; embora por vezes encontrem outras maneiras de obter o mesmo resultado, o fato de não ousarem exigir esse direito é prova de uma significativa mudança.

Até a Primeira Guerra Mundial, a Suécia teve um sistema político de tal natureza, o que mostra até onde vai a imaginação das sociedades humanas – dos grupos dominantes, no caso específico – para estruturar os direitos de modo a lhes permitir conservar o poder. Mas isso também ilustra a ausência de todo e qualquer determinismo nacional ou cultural em relação ao nível de desigualdade, pois o país se transforma, a partir desse momento, com incrível rapidez.

No início do século XX, a Suécia se encontrava encurralada na contradição entre um regime político que sacralizava a propriedade e uma classe operária que, por razões históricas, religiosas e outras, tinha alta escolaridade se comparada a outros países europeus. Os sindicatos suecos e o jovem partido social-democrata compartilhavam de uma forte convicção: as vantagens dos proprietários foram longe demais, e seria preciso promover um reequilíbrio. E, de fato, uma mobilização de extrema força permitiria a obtenção do sufrágio universal em 1920; em 1932, o partido social-democrata assume o poder graças à vitória nas urnas, e o conserva quase sem descontinuidade até os anos 1990-2000.

A partir de então, as coisas se complicam, e o país passa a ser bem menos vanguardista no âmbito fiscal, em parte em consequência de sua recusa em aceitar cooperações internacionais e, em termos mais gerais, em abandonar o capitalismo. Contudo, entre 1930 e 1980, os sociais-democratas empregaram a capacidade estatal a serviço de um projeto político radicalmente diferente do que vigorara antes. O uso dos registros permitiu mensurar as rendas e os patrimônios não mais para distribuir os direitos de voto em função da riqueza, e sim para impor o pagamento de impostos progressivos, a fim de financiar o acesso à educação e à saúde que, sem ser perfeito, contrastava, em muito, com o dos períodos anteriores. Isso representou um nível de igualdade superior a tudo até então possível de se observar em outros países e transcorreu em poucas décadas, de maneira relativamente pacífica, apesar de contar com mobilizações sociais e políticas de extrema potência.

Esse exemplo é interessante, pois demonstra que um país nunca é desigualitário ou igualitário por natureza. Tudo depende de quem controla o Estado e com qual objetivo. Aqui temos uma trajetória histórica que afasta qualquer perspectiva determinista tratando-se dessas questões.

A ascensão do Estado social: o exemplo dos gastos com educação

Na Europa, um dos fatores mais relevantes para compreender a evolução rumo a uma igualdade mais forte ao longo do século XX foi a ascensão do Estado social. Também nesse caso, embora as situações nacionais sejam, é claro, distintas, a tendência permanece relativamente similar na Europa Ocidental (Reino Unido, França, Alemanha e Suécia). Até a Primeira Guerra Mundial, a arrecadação do Estado era inferior a 10% da renda nacional e concentrava-se na manutenção da ordem e do respeito ao direito da propriedade, no financiamento da política e do Poder Judiciário e, por fim, visava obter uma capacidade de projeção exterior em conjunto com a expansão colonial.

As despesas não soberanas foram reduzidas ao estritamente necessário. Após 1918, assiste-se ao início de um movimento que conduzirá a níveis bem mais elevados de receitas fiscais: nos últimos trinta anos, elas se estabili-

Imagem 9: A ascensão do Estado social na Europa, 1870-2020

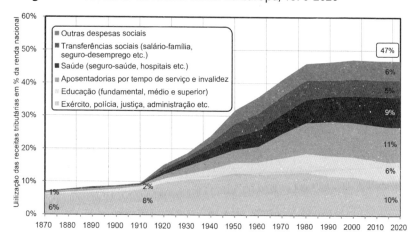

Em 2020, as receitas tributárias representavam, em média, 47% da renda nacional na Europa Ocidental e eram gastas assim: 10% da renda nacional para as despesas dos poderes soberanos (Exército, polícia, justiça, administração geral, infraestruturas: estradas etc.); 6% para a educação; 11% para as aposentadorias; 9% para a saúde; 5% para as transferências sociais (excluindo as aposentadorias); 6% para as outras despesas sociais (auxílio-moradia etc.). Antes de 1914, as despesas com os poderes soberanos absorviam a quase totalidade das receitas tributárias. **Nota:** A evolução aqui indicada considera a média entre Alemanha, França, Reino Unido e Suécia.

Fontes e séries: www.piketty.pse.ens.fr/egalite.

zaram em torno de 45% da renda nacional nesses quatro países europeus (ver Imagem 9).

Tomemos como exemplo a educação, sem dúvida um dos fatores mais importantes da igualdade. Em um século, os gastos públicos com educação foram multiplicados por dez, em termos de porcentagem da renda nacional. Antes da Primeira Guerra Mundial, esses gastos representavam menos de 0,5% da renda nacional: o sistema era extremamente estratificado, e apenas uma pequena minoria podia dar continuidade a seus estudos além do primeiro ciclo. O próprio ensino primário (hoje ensino fundamental) era bem menos favorecido que o secundário (hoje ensino médio) e o superior. Hoje, a média para esses países chega a 6% da renda nacional.

Essa alta nos gastos com educação representou um fator de emancipação individual, equalização e prosperidade e, ao mesmo tempo, permitiu a redução das desigualdades e o aumento da produtividade e dos padrões de vida. Estamos tão habituados a isso que por vezes nos esquecemos: essa considerável evolução desempenhou um papel central nessa marcha, limitada, mas real, rumo à igualdade aqui descrita. Entretanto, para matizar minha afirmação, cabe observar que os gastos com educação estagnaram a partir dos anos 1980–1990, o que é bastante paradoxal se levarmos em conta que, no mesmo período, o acesso ao ensino superior não estagnou: os 20% de certa faixa etária nos anos 1980 hoje passam a ser 60%. Concretamente, isso significa que o investimento por estudante diminuiu. Infelizmente, constatamos na França essa redução no investimento por estudante nos últimos quinze anos, em particular nos cursos universitários menos concorridos.

Essa situação – bastante paradoxal e contrastante com a evolução secular – encontra suas raízes em um sistema de crenças políticas que acredita, desde os anos 1980-1990, que o nível geral de gastos públicos e de arrecadamento fiscal em relação à renda nacional deve ser estabilizado em absoluto. A partir do momento em que a parte concernente à saúde e às aposentadorias aumenta – por sinal, não o suficiente em relação às necessidades, mas ainda assim um pouco –, outros gastos são reduzidos, o que ocorre com a educação a longo prazo. Uma expansão do tamanho do Estado social poderia resolver essas contradições, mas isso exigiria novos passos no âmbito da justiça fiscal e na progressividade das tributações, tanto em escala nacional quanto internacional.

Entretanto, se houve de fato uma evolução rumo à igualdade no que diz respeito à distribuição do investimento em educação, não devemos idealizar a situação. Examinemos a desigualdade do investimento público em educação na França (ver Imagem 10). Esses dados englobam a geração que está concluindo seus estudos hoje e completou vinte anos em 2020. Na imagem, todas as pessoas nascidas em 2000 na França foram classificadas de acordo com o valor do investimento público do qual se beneficiaram ao longo de todo o período de escolarização (do maternal ao superior).

Resumindo, os estudantes que recebem os valores mais altos dos gastos públicos dedicados à educação – em torno de 250 e 300 mil euros cada durante toda a sua carreira educacional – são os que frequentaram os cursos mais concorridos com amplo financiamento – tipicamente, os cursos preparatórios e as *grandes écoles*. Os alunos compreendidos na base do gráfico são os que deixam o sistema escolar aos dezesseis e dezessete anos; esses só terão sido contemplados com os gastos dedicados ao primário e ao secundário. Por fim, os alunos situados na faixa intermediária cursam as carreiras universitárias menos concorridas e contempladas com menos recursos, como as licenciaturas em ciências humanas.

Portanto, os que se beneficiaram do menor investimento público em educação receberam cerca de 60 a 70 mil euros cada, enquanto os das classes sociais mais favorecidas receberam entre 250 e 300 mil euros, e os da classe social intermediária, em torno de 100 mil euros.

Imagem 10: A desigualdade do investimento em educação na França

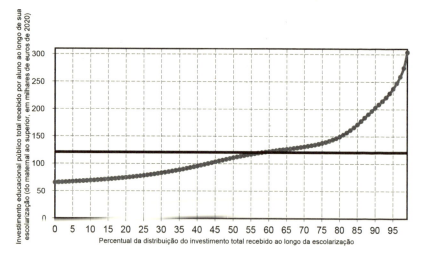

O investimento público total em educação do qual os alunos da geração que atingiu os 20 anos em 2020 se beneficiaram ao longo de todo o período de escolarização (do maternal ao superior), chega, em média, a cerca de 120 mil euros (isto é, aproximadamente quinze anos de escolarização a um custo médio de 8 mil euros por ano). Dessa geração, os 10% dos alunos que se beneficiaram do menor investimento público receberam cerca de 65-70 mil euros, enquanto os 10% que se beneficiaram do maior investimento público receberam entre 200 e 300 mil euros. **Nota:** Os custos médios por curso e por ano de escolaridade no sistema francês, entre 2015 e 2020, se escalonam entre 5 e 6 mil euros para o maternal e o primário, 8 e 10 mil euros para o secundário, 9 e 10 mil euros para a universidade e 15 e 16 mil euros para os cursos preparatórios das *grandes écoles*.

Fontes e séries: www.piketty.pse.ens.fr/egalite.

Imagem 11: Colônias para os colonos: a desigualdade do investimento educacional em perspectiva histórica

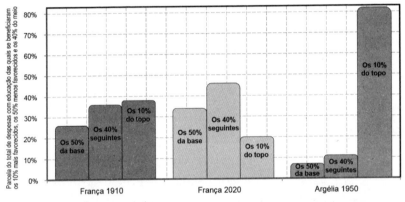

Na Argélia, em 1950, os 10% mais favorecidos foram beneficiados com 82% da despesa educacional total, que compreende o ensino fundamental, médio e superior (na prática, os filhos dos colonos). Comparativamente, a parcela da despesa educacional total dos 10% da população que se beneficiaram do investimento em educação mais substancial era de 38% na França em 1910 e 20% em 2020 (o que, ainda assim, continua sendo duas vezes mais elevado que sua parcela na população).

Fontes e séries: www.piketty.pse.ens.fr/egalite.

Resumindo, em relação às despesas públicas, constatamos uma diferença de 200 mil euros entre os que se beneficiam de menos e os que recebem mais. Infelizmente, a tendência é que os que recebem mais benefícios provêm de origens sociais mais privilegiadas. Por conseguinte, *de facto*, os gastos em despesa pública reforçam as desigualdades iniciais de maneira bastante considerável. A diferença de investimento gira em torno de 200 mil, o que representaria uma herança suplementar nesse valor para as classes mais altas, porém concedida pelo poder público.

Toda essa explicação para dizer que essa expansão educacional é uma realidade de longo prazo, mas atrai a atenção para duas nuances: as desigualdades continuam consideráveis, e esses gastos públicos são bem menos expressivos do que no passado. Volto sempre a mencionar este paradoxo: nossas sociedades ainda são extremamente desiguais; no entanto, apesar disso, em consequência das lutas políticas e das evoluções históricas, conheceram uma evolução rumo a uma igualdade maior. O que expus em relação à distribuição da renda e do patrimônio também vigora na distribuição dos gastos educacionais (ver Imagem 11). Atualmente, os 10% de determinada faixa etária que se beneficiam de gastos em educação mais significativos recebem apenas 20% do total dos gastos educacionais. Esse valor, contudo, pode ser considerado enorme, porque os 50% da base da pirâmide recebem cerca de 35%. Apesar de a curva parecer igualitária, ela é na verdade desigualitária ao extremo, tendo em vista que os 10% que se beneficiam do maior valor de despesas obtêm 1,5 vez menos que os 50% menos ricos, embora estes sejam cinco vezes mais numerosos. Em suma, o gasto por pessoa é três vezes mais elevado.

Se a situação parece mais igualitária do que em 1910, só significa quanto o sistema era ainda mais estratificado no passado do que atualmente. Grande parte dos membros das classes sociais, com exceção da alta burguesia, interrompia os estudos no primário; e as classes burguesas tinham acesso a um ensino superior no qual o salário dos professores universitários em nada correspondia ao dos professores do ensino básico. Os abismos da estratificação do aparelho educacional eram bem mais acentuados do que hoje.

Nas sociedades coloniais, o grau de estratificação escolar era ainda mais significativo. Em resumo, na Argélia de 1950, os 10% do topo da pirâmide eram filhos dos colonos, que representavam pouco mais de 10% da população; os outros, ou seja, os "muçulmanos da Argélia", como eram denominados na época, representavam 90% da população. O sistema era completamente segregacionista, assim como no Sul dos Estados Unidos até os anos 1960, onde brancos e negros não frequentavam a mesma escola. Na Argélia, havia escolas reservadas para os filhos dos colonos e para os filhos dos muçulmanos argelinos. Se examinarmos os orçamentos da época – tomei como base um trabalho absolutamente apaixonante, conduzido por Denis Cogneau, um de meus colegas na Escola Normal Superior de Paris (ENS), referente à história dos orçamentos coloniais –, constatamos que 80% do total do orçamento voltado para a educação era dedicado aos filhos dos colonos, embora eles só representassem 10% da população. Ademais, essas despesas eram financiadas por impostos cobrados, sobretudo, da população colonizada, pois eram, em sua maioria, impostos indiretos. Em síntese, o Estado cobrava impostos ao total da população, em particular às populações colonizadas, para financiar um sistema que beneficiava, sobretudo, os filhos dos colonos.

Assim, se comparada às situações coloniais, ou à França de 1910, nosso sistema educacional atual é mais aberto e mais igualitário. Contudo, a evolução a longo prazo rumo à igualdade ainda não foi alcançada. Poderiam ser definidos objetivos diferentes de distribuição do investimento voltados para a educação e deixados de lado os eloquentes discursos abstratos. A construção de uma norma de justiça social também exige a construção de ferramentas que permitam ao cidadão comum deliberar e verificar o que é feito. Em matéria de justiça fiscal, por exemplo, foi necessário muito tempo para adotar um sistema estabelecendo noções de renda, capital, tabelas e alíquotas de tributação que permitisse, em princípio, verificar qual a norma de justiça fiscal subjacente. No caso da educação nacional, temos sistemas de multicritérios pelos quais não é possível verificar de fato o que é feito e que, na prática, levam a esse tipo de resultado. Ainda há muito a ser melhorado.

Rumo ao aprofundamento da igualdade de direitos

No que me diz respeito, busco desenvolver uma abordagem calcada, inicialmente, na igualdade dos direitos de acesso aos bens fundamentais – educação e saúde –, mas também à participação política. Mencionei o exemplo do direito de voto na Suécia, mas isso não se resume, é claro, a essa igualdade em termos de sufrágio: quanto à questão do financiamento de campanhas políticas, das mídias etc., seria possível imaginar um sistema bem mais igualitário. Penso também, e sobretudo, em tudo que abrange a democracia econômica, a saber, a igualdade de participação na tomada de decisões dentro das empresas. Interessei-me pelo sistema de codeterminação, ou cogestão, na Alemanha e nos países da Europa Setentrional, pelo qual até 50% dos direitos de voto são atribuídos aos representantes dos assalariados. Embora insuficiente, pois aos acionários é sempre atribuído o voto de Minerva (50% + 1), ainda assim, significa que, se uma coletividade detiver 10% ou

20% do capital, isso pode inverter a maioria, inclusive contra um acionista detentor de 80% ou 90% das ações. Essa transformação, ocorrida no pós-guerra na Alemanha e na Suécia, nada tem de insignificante, e os acionistas franceses, britânicos e estadunidenses não gostariam nem um pouco de um sistema desse tipo.

Podemos ir ainda mais longe. Defendo, por exemplo, a ideia de, sobre os 50% dos direitos de voto dos acionários, limitar a 10% a porcentagem detida por um acionário individual. Tal sistema se aproximaria de uma igualdade de poder, apesar de manter, em todas as pequenas empresas, a possibilidade de que aquele que tiver aportado um pouco de capital na empresa como seu projeto pessoal tenha um pouco mais de direito de voto do que aquele que nada investiu e que talvez esteja planejando montar o próprio negócio.

Quanto à igualdade em termos de poder econômico, tento desenvolver esse tipo de reflexão. Isso não implica uma igualdade absoluta de resultados, dada a diversidade de aspirações individuais: pessoas desenvolverão diferentes projetos, e não há igualdade absoluta, nem no que diz respeito às profissões nem às rendas. Quais tipos de diferenças salariais seriam razoáveis, levando-se em conta as diferenças de subjetividade individual, de escolha de atividade e do que pode ser necessário do ponto de vista dos incentivos no âmbito da organização econômica e social? Diferenças de 1 a 3 salários mínimos, ou de 1 a 5, podem ser compatíveis com esses objetivos. Por outro lado, diferenças de 1 a 50 decerto não se justificam, como demonstra uma comparação de experiências históricas diversas.

Essas poucas ordens de grandeza me parecem representar níveis de desigualdade sustentáveis, mas a decisão cabe à participação democrática e à deliberação popular, o que implica igualar as capacidades de influência na cena política. Mas ainda estamos muito longe disso.

O imposto progressivo

Gostaria de concluir insistindo em dois pontos referentes às desigualdades: de um lado, a questão do imposto progressivo; de outro, a questão da destruição da natureza.
A primeira questão é importantíssima. A princípio, é um assunto de longa data. Na Tabela 1, verificamos exemplos de propostas discutidas na França no século XVIII: Graslin foi um urbanista e economista de Nantes, enquanto Lacoste foi um cidadão mais anônimo. Ambos publicaram panfletos, como tantos outros que circularam durante o período revolucionário. O primeiro propôs um imposto progressivo sobre a renda; o segundo, um imposto progressivo sobre a herança (o que Lacoste chamou de "direito nacional à hereditariedade"). Esses sistemas não foram adotados na época, mas em muito se assemelham ao que seria adotado no século XX em certos países. Do ponto de vista das ideias, isto parece bem simples: a alíquota de tributação parte de 5% a 6% para rendimentos e

Tabela 1: Algumas propostas de imposto progressivo na França no século XVIII

Graslin: Imposto progressivo sobre a renda (*Essai analytique sur la richesse et l'impôt*, 1767)	
Múltiplo da renda média	Alíquota efetiva de tributação
0,5	5%
20	15%
200	50%
1.300	75%

Lacoste: Imposto progressivo sobre a herança (*Du droit national d'hérédité*, 1792)	
Múltiplo do patrimônio médio	Alíquota efetiva de tributação
0,3	6%
8	14%
500	40%
1.500	67%

No projeto de imposto progressivo sobre a renda apresentado por Graslin em 1767, a alíquota efetiva de tributação passa gradualmente de 5% para uma renda anual de 150 libras tornesas (cerca de metade da renda média por adulto na época) para 75% para uma renda de 400 mil libras (cerca de 1.300 vezes a renda média). Observa-se uma progressividade comparável no projeto de imposto progressivo sobre a herança apresentado por Lacoste em 1792.

Fontes e séries: www.piketty.pse.ens.fr/egalite.

patrimônios inferiores à renda média e aumenta para 60%, 70% ou 80% quando atinge cem ou mil vezes essa média.

O sistema de imposto progressivo foi instaurado no fim de 1792, início de 1793, com o objetivo de financiar as guerras, mas a experiência foi interrompida logo depois, e o regime fiscal adotado no fim da Revolução Francesa é um sistema absolutamente proporcional de tributação. A tributação sobre as heranças também é rigorosamente proporcional: durante todo o século XIX, às transmissões de pais para filhos são impostas taxas de 0,5%, quer a herança seja de mil ou de um milhão de francos. Não há qualquer tentativa de redistribuição.

Imagem 12: A invenção da progressividade tributária: a alíquota máxima do imposto sobre a renda, 1900-2020

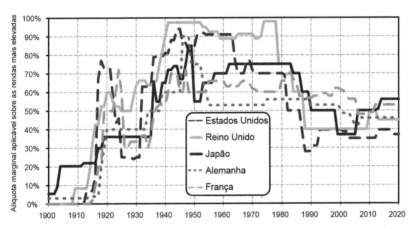

A alíquota marginal de tributação aplicável sobre as rendas mais elevadas era, em média, de 23% nos Estados Unidos de 1900 a 1932, 81% entre 1932 e 1980, e 39% entre 1980 e 2020. Nesses mesmos períodos, a alíquota máxima foi de 30%, 89% e 46% no Reino Unido, 26%, 68% e 53% no Japão, 18%, 58% e 50% na Alemanha, e 23%, 60% e 57% na França. A maior progressividade tributária se deu na metade do século, em especial nos Estados Unidos e no Reino Unido.

Fontes e séries: www.piketty.pse.ens.fr/egalite.

Imagem 13: A invenção da progressividade tributária: a alíquota máxima do imposto sobre as heranças, 1900-2020

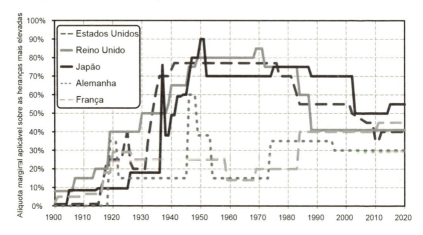

A alíquota marginal de tributação incidente sobre as heranças mais elevadas era de, em média, 12% nos Estados Unidos entre 1900 e 1932, 75% entre 1932 e 1980, e 50% entre 1980 e 2020. Nesses mesmos períodos, a alíquota máxima foi de 25%, 72% e 46% no Reino Unido, 9%, 64% e 63% no Japão, 8%, 23% e 32% na Alemanha, e 15%, 22% e 39% na França. A maior progressividade tributária se deu na metade do século, em especial nos Estados Unidos e no Reino Unido.

Fontes e séries: www.piketty.pse.ens.fr/egalite.

O IMPOSTO PROGRESSIVO

Em 1901, esse imposto passa a ser progressivo, e é adotada uma faixa superior que passa para 2,5%. Pouco depois, a alíquota sofre um ligeiro aumento, para 5% ou 6%, com o principal objetivo de financiar a lei de 1910 regulando as aposentadorias. Mas será preciso o advento da Primeira Guerra Mundial para observar um movimento espetacular rumo ao imposto progressivo (ver Imagens 12 e 13). A alíquota superior sobre a renda na França, aplicada sobre as rendas mais elevadas, era de 0% até 1914, uma vez que não havia imposto sobre a renda no país até essa data.

Durante a Primeira Guerra Mundial, a situação evolui com extrema rapidez, principalmente nos Estados Unidos a partir da década de 1910. Nesse país, o processo foi muito complicado, exigindo uma revisão da Constituição em 1913, mas reinava uma fortíssima demanda social de justiça fiscal na época. Uma das obsessões dos estadunidenses residia em não se tornar tão desigualitário, oligárquico e plutocrático quanto a velha Europa. A Europa era considerada incrivelmente desigualitária, e a ideia comum, compartilhada também por economistas relativamente conservadores, era a seguinte: o principal perigo à espreita é se tornar tão desigualitário quanto a Europa, o que acabaria por completo com o sistema democrático.

Imagem 14: Alíquotas efetivas e progressividade nos Estados Unidos, 1910-2020

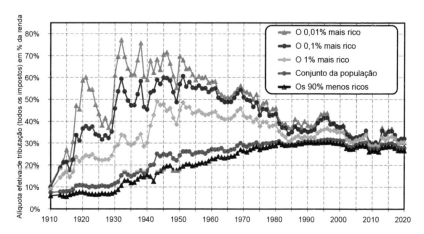

De 1915 a 1980, o sistema tributário era fortemente progressivo nos Estados Unidos, no sentido de que as alíquotas efetivas de tributação pagas pelas rendas mais altas (todos os impostos somados e em % da renda total pré-tributação) eram significativamente mais elevadas que a alíquota efetiva média paga pelo conjunto da população (e em particular pelos 90% das rendas mais baixas). A partir de 1980, o sistema tributário tem baixa progressividade, com diferenças limitadas nas alíquotas tributárias efetivas.

Fontes e séries: www.piketty.pse.ens.fr/egalite.

O IMPOSTO PROGRESSIVO

A partir do fim do século XIX e início do XX, os Estados Unidos passam a nutrir grande preocupação com esse problema, e, por conseguinte, o imposto sobre a renda seria revisto, graças à emenda constitucional de 1913, e aplicado com uma magnitude impressionante. Esse fenômeno se inicia na década de 1920 e ganha força com a eleição de Roosevelt em 1932.

Entre 1932 e 1980, durante meio século, a alíquota superior de tributação nos Estados Unidos, em média, seria de 80%, chegando a 91% no governo de Roosevelt. No entanto, essas alíquotas dizem respeito tão somente ao imposto federal sobre a renda: ao qual se acrescentavam os impostos estaduais que, dependendo do caso, chegavam a 5%, 10% ou 15%.

Não só a alta nesse período não contribuiu para o desaparecimento do capitalismo estadunidense – seria possível dar-se conta disso ao longo de meio século –, como também corresponde ao período de máxima prosperidade do país e de sua dominação econômica máxima sobre o restante dos países. Por qual motivo? Simplesmente porque as diferenças entre rendas de 1 a 50 salários mínimos, ou de 1 a 100, não servem para grande coisa. Não estou dizendo que mais vale uma igualdade total; talvez sejam necessárias diferenças de 1 a 5, ou de 1 a 10. Tendo em vista a base de dados de que disponho, acredito que uma diferença de 1 a 5 seria ótima. Mas nada justifica diferenças de 1 a 50, ou de 1 a 100, quando comparamos as distintas sociedades das quais dispomos dados. Nos Estados Unidos, a forte compressão dessas diferenças, graças ao imposto progressivo, não impediu nem o crescimento econômico nem a inovação (ver Imagem 14).

O real fator de prosperidade é a educação. Até meados do século XX, os Estados Unidos apresentavam um avanço educacional considerável em relação aos demais países ocidentais. Na década de 1950, 90% das crianças dentro de determinada faixa etária frequentavam o ensino médio nos Estados Unidos, enquanto na Alemanha, na França e no Japão esse número era de 20%. Nesses quatro países, seria preciso esperar os anos 1980–1990 para alcançar as taxas de acesso quase universais ao ensino médio. O avanço estadunidense em termos de produtividade, sobretudo no setor industrial, deve-se a esse avanço na educação.

Na década de 1980, com a chegada de Ronald Reagan ao poder, o país muda de regime. O presidente aproveita-se da derrota no Vietnã, do fracasso de Jimmy Carter no Irã etc., para rejeitar a política de Roosevelt. Segundo Reagan, o país tinha ido longe demais e se tornado quase comunista; foi preciso estimular o renascimento do empreendedor estadunidense reduzindo as alíquotas altas, que diminuíram para 28%. A reforma fiscal de 1986 é a própria definição do reaganismo. Nunca mais as alíquotas retomariam o nível precedente.

Essa modificação fiscal visava dinamizar o crescimento: na prática, o crescimento estadunidense foi reduzido pela metade entre as décadas de 1950 e 1990 e de 1990 e 2020. Ao que tudo indica, o método não funcionou, embora essa fase político-ideológica continue em vigor – ainda que, claro, o sistema de financiamento dos partidos políticos e das mídias não seja alheio a essa constatação.

A história do imposto progressivo ao longo do século XX, portanto, é riquíssima. Esse sistema desempenhou papel importante, entre 1914 e 1980, para tornar aceitável o aumento geral da pressão fiscal. Não era admissível taxar apenas o 1% mais rico para financiar o Estado social. Todavia, a fim de que o restante da população aceitasse que uma parte crescente das riquezas fosse coletivizada para financiar a educação e a saúde, foi preciso que as classes médias e populares tivessem a certeza de que os mais ricos pagariam no mínimo tanto quanto elas. Sob esse ponto de vista, o aumento do poder do imposto progressivo foi um fator decisivo para a construção do Estado social e a definição de um novo contrato fiscal, tornando aceitável essa tributação crescente.

Hoje, ao contrário, isso acaba gerando muitos problemas. As classes médias e as populares podem ter a impressão – por sinal, não se trata apenas de impressão – de que os mais ricos escapam abertamente dos encargos comuns, pois, apesar dos teóricos impostos, há muitos dispositivos e estratégias de otimização fiscal.

Observamos uma evolução similar no que diz respeito ao imposto sobre as heranças (ver Imagem 13, p. 66). É impressionante constatar até onde subiram os impostos nos Estados Unidos, no Reino Unido e no Japão em meados do século XX, ao contrário do ocorrido na França e na Alemanha, por exemplo – em parte porque nesses dois países a redistribuição do patrimônio ocorreu em razão da guerra, da destruição e da inflação. Por sinal, é interessantíssimo observar que o único período no qual a Alemanha aplicou o aumento do imposto sobre as heranças (assim como o do imposto sobre a renda) ocorreu entre 1945 e 1948, quando este atingiu 90%. Tal fato corresponde ao momento em que a política fiscal da Alemanha é fixada pelos estadunidenses: o Conselho de Controle Aliado determina as tabelas de tributação na Alemanha. A intenção dos Estados Unidos não é punir as elites alemãs, pois estabelecem o mesmo procedimento em seu país. De acordo com o ponto de vista estadunidense da época, tal método fazia parte do "pacote civilizacional":

a constituição de instituições democráticas em sintonia com as instituições fiscais permite evitar que a democracia se transforme em plutocracia. Como isso parece exótico hoje! Contudo, não faz assim tanto tempo. É importante revisitar essa história para se ter ideia das transformações passíveis de ocorrer no que tange a essas questões.

Falta mencionar um último ponto importante na redução histórica das desigualdades no século XX, que gostaria de ressaltar agora: a queda dos ativos internacionais e, em especial, dos ativos coloniais (ver Imagem 15). Tal fenômeno abrange, em especial, o Reino Unido e a França. Até 1913, esses dois países viviam uma fase de considerável acumulação de ativos em comparação ao restante do mundo. Esses ativos se apresentavam sob a forma de ações no Canal de Suez, nas estradas de ferro na Rússia e na Argentina, e nas dívidas públicas impostas ao Haiti, ao Marrocos, à China, ou ao Império Otomano, e se constituíam de verdadeiros tribunais militares.

De todo modo, o valor total desses ativos estrangeiros correspondia a mais de um ano da renda nacional da França e a cerca de dois anos da renda nacional do Reino Unido, gerando rendimentos consideráveis (em juros, dividendos e aluguéis): 5% da renda nacional da França e perto de 10% da do Reino Unido. No caso específico da França, esse valor representava o equivalente à produção

Imagem 15: Os ativos estrangeiros em perspectiva histórica: o apogeu colonial franco-britânico

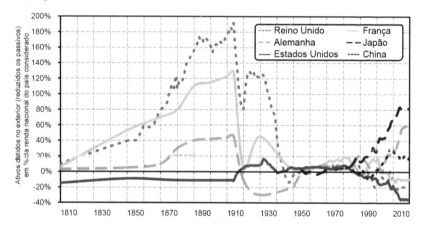

Os ativos estrangeiros líquidos, isto é, a diferença entre os ativos detidos no exterior por proprietários residentes no país considerado (incluindo o governo) e os ativos detidos nesse país pelos proprietários do restante do mundo alcançaram, em 1914, 191% da renda nacional do Reino Unido e 125% da França. Em 2020, os ativos estrangeiros líquidos chegam a 82% da renda nacional do Japão, 61% da Alemanha e 19% da China.

Fontes e séries: www.piketty.pse.ens.fr/egalite.

industrial de todo o noroeste do país e permitia o financiamento de um déficit comercial estrutural. Entre 1880 e 1914, o déficit comercial aumenta para 2% e 3%, mas entre 5% e 10% da renda nacional provém do restante do mundo sob a forma de renda e capital. Isso permite não apenas financiar o déficit comercial, mas também continuar a adquirir o restante do mundo. É o equivalente a uma situação em que você paga um aluguel ao proprietário que, com o valor desse aluguel, compra o restante do prédio.

São situações de inaudita violência, só perpetuadas no âmbito das relações de dominação colonial e militar. Com a Primeira Guerra Mundial, esse sistema acaba desmoronando. Por um lado, em consequência da nova situação internacional: expropriações, o repúdio das dívidas do tesouro russo pelos bolcheviques após a tomada do poder, a nacionalização do Canal de Suez etc. Mas, por outro lado, em razão do custo das guerras: os proprietários franceses e britânicos são obrigados a vender grande parte de seus ativos no exterior para emprestar dinheiro ao Estado a fim de financiar as guerras, e as próprias guerras destroem o restante de seu capital industrial. Verificamos um processo um tanto absurdo de autodestruição que constitui o núcleo da história da Europa entre 1914 e 1945.

O que fazer com a dívida?

Do ponto de vista das propriedades, esses ativos coloniais e estrangeiros do período anterior a 1914 transformam-se em dívidas públicas trinta anos depois, em 1945. As dívidas chegam a 200% e 300% da renda nacional, isto é, valor superior à dívida da Grécia hoje – salvo que, na época, isso ocorria na Alemanha, na França e no Reino Unido, ou seja, em economias bem mais importantes. A lição que podemos aprender é a seguinte: foi fácil nos livrarmos dessas dívidas, que nunca foram reembolsadas. E delas nos livramos de várias maneiras – pelas anulações puras e simples e pela inflação, o que não é necessariamente o método mais adequado, destacando-se nesse quesito a Alemanha e o Japão (ver Imagem 16).

A Alemanha enfrenta um período inicial de inflação consistente na década de 1920, o que lhe permite livrar-se da dívida pública gerada na Primeira Guerra Mundial. Contudo, essa inflação destrói a sociedade e contribui para a ascensão do nazismo. Após a Segunda Guerra Mundial, o governo alemão inventa outra solução para se desvencilhar da dívida pública sem provocar inflação: uma reforma monetária na qual substitui o valor das dívidas antigas de 100 marcos por dívidas de 1 marco na nova moeda, aliada a um sistema de impostos altíssimos incidindo sobre os mais altos patrimônios a fim de compensar as perdas sofridas pelos detentores de baixos e médios patrimônios, cuja tributação chegava a 50% do estoque de patrimônio para as mais altas fortunas. Essa reforma, adotada em 1952, prevaleceu até os anos 1980.

Para quem escuta os atuais discursos econômicos alemães enfatizando a necessidade de a Grécia pagar sua dívida até o último euro, essa época pós-guerra parece muito distante...

É sempre assim: os agentes dominantes da história têm memória curta, sobretudo quando lhes convém. Acredito, contudo, que devemos lutar contra essa amnésia histórica. É essencial compreender que, no curso da história, os problemas de dívida pública foram resolvidos de diferentes maneiras; não existe um único método correto. Poderíamos retornar até a Revolução Francesa com a bancarrota dos dois terços.

O nível de dívida pública apresentado hoje, após a pandemia da covid-19, nada tem de inédito e já foi

Imagem 16: A dívida pública: entre acumulações e anulações

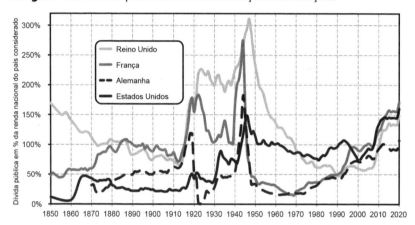

A dívida pública aumentou significativamente após as duas guerras mundiais, chegando a atingir entre 150% e 300% da renda nacional em 1945-1950, para em seguida cair bruscamente na Alemanha e na França (anulação de dívida, impostos excepcionais sobre a fortuna privada, inflação elevada) e mais gradualmente no Reino Unido e nos Estados Unidos. A dívida voltou a sofrer aumento significativo após as crises financeiras e epidêmicas de 2008 e 2020. **Nota:** Não foi considerada a dívida alemã decorrente do Tratado de Versalhes (1919), ou seja, mais de 300% da renda nacional da época, cujo reembolso nunca começou de verdade.

Fontes e séries: www.piketty.pse.ens.fr/egalite.

enfrentado múltiplas vezes, em particular na história europeia. A primeira e boa notícia é que sempre nos saímos bem. A segunda é a existência de uma diversidade de soluções com uma distribuição do ajuste e de seus custos bem diferentes, dependendo de cada caso. Por trás dos números, esconde-se um conflito social, um conflito político: não estamos endividados com o planeta Marte; a dívida é doméstica e deve ser tratada no âmbito político. Revisitar a história permite abrir o leque de possibilidades e se dar conta de que as situações são menos fechadas do que por vezes se imagina.

Gostaria também de insistir no fato de que o desenvolvimento do Estado social não é uma simples operação de redistribuição monetária: é também, e sobretudo, um movimento de desmercantilização. O que ilustra a ascensão de setores como educação, saúde, aposentadoria, moradia e infraestrutura é que podemos organizar por completo modos alternativos da economia fora de uma lógica mercantil e capitalista. Embora pareça trivial, um setor como a saúde representa 10% da renda nacional. É uma porcentagem bem superior à da indústria automobilística, por exemplo, e o setor da saúde, na maioria dos países, é estruturado basicamente por financiamentos públicos. Além do Estado, esse setor reúne uma grande diversidade de agentes tanto com fins lucrativos quanto não lucrativos, associações etc. Não é, necessariamente, o que há de melhor, mas a comparação entre o sistema estadunidense – baseado sobretudo em estruturas lucrativas – e o sistema europeu não favorece o primeiro. Como sabemos, o custo do sistema estadunidense é bem mais alto, e seus resultados, em termos de saúde pública, são catastróficos se comparados aos do sistema europeu.

Desenvolve-se, então, um sistema de financiamento e de organização pública segundo critérios de gestão que não buscam o lucro. Esse é, evidentemente, o caso no setor da educação, por exemplo. No Chile, o regime de Pinochet foi ainda mais longe na tentativa de instaurar um setor lucrativo na área da educação, e o resultado foi um retumbante fracasso. Da mesma maneira, algumas sociedades anônimas, como a Trump University nos Estados Unidos, tampouco funcionam. As instituições privadas estadunidenses do setor educacional não geram nem distribuem lucros. No entanto, isso não significa que sejam perfeitas; em virtude do monopólio de poder por parte dos doadores, seus filhos são admitidos em situações absolutamente lamentáveis. No entanto, quando alguém investe tamanha soma de dinheiro nas universidades de Stanford ou Harvard, isso não lhe concede 50% dos direitos de voto até o fim dos tempos. As relações de poder são um pouco diferentes das sociedades anônimas.

E ninguém gostaria, quer na educação, quer na saúde, o retorno ou a adoção de um sistema unicamente lucrativo. Por qual motivo? Porque constatamos, em termos coletivos e históricos, que a busca pelo lucro pode, em muitos setores, destruir os incentivos intrínsecos que possibilitam o ensino, o cuidado etc.

Esse importante ensinamento vale não apenas para a educação e a saúde, mas também para a cultura, as mídias ou a busca pelo lucro, e o acionariado privado gera muitos problemas. Motivo pelo qual inúmeras estruturas não lucrativas – fundações e associações – existentes no *Ouest-France*, no *Guardian* etc., foram desenvolvidas há muito tempo. Nem tudo é perfeito em todas essas experiências, mas há tempos começaram a refletir no assunto em áreas tão distintas quanto os transportes, a distribuição de energia e de água, os sistemas de gerenciamento local etc.

A longo prazo, acredito que esse processo de desmercantilização deveria prosseguir e estender-se a setores cada vez mais importantes, o que poderia, em termos potenciais, representar a quase totalidade da atividade econômica do país, de maneira descentralizada, com agentes associativos e das comunidades pautados em financiamentos coletivos graças ao imposto progressivo sobre a renda e o patrimônio, e a uma melhor distribuição do poder nas empresas e no setor privado residual, conforme citei antes. Ainda resta muito a inventar, mas o ponto crucial é que não se trata apenas de uma redistribuição monetária – vai muito além disso. Nesse movimento de desmercantilização de segmentos inteiros da economia, não haverá retrocesso.

Natureza e desigualdades

Gostaria de concluir este texto discutindo a articulação entre natureza, cultura e desigualdades sob o viés da destruição da natureza e do capital natural. Evocarei aqui alguns resultados referentes ao aquecimento global e às emissões de carbono, apesar de poder citar dados tão interessantes quanto outras dimensões dos atentados contra a natureza. O ponto importante, no qual gostaria de insistir, é que os problemas das desigualdades e dos desafios climáticos e ambientais estão intimamente ligados.

É impossível conceber uma solução plausível para o desafio do aquecimento global sem a drástica redução das desigualdades e sem uma nova etapa de evolução rumo a um patamar de maior igualdade.

Em primeiro lugar, em função das consideráveis diferenças entre os países emissores do norte e do sul, seguido das desigualdades de emissões dentro dos próprios países.

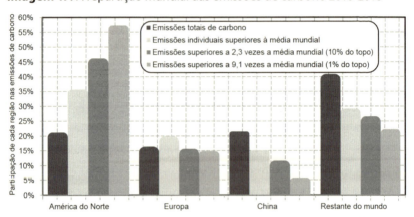

Imagem 17: A repartição mundial das emissões de carbono 2010-2018

A participação da América do Norte (Estados Unidos e Canadá) nas emissões totais de carbono (diretas e indiretas) é de, em média, 21% em 2010-2018 e passa a 36% das emissões individuais superiores à média mundial (6,2 toneladas anuais), 46% das emissões superiores a 2,3 vezes a média mundial (ou seja, os 10% do topo de emissões individuais mundiais, responsáveis por 45% das emissões totais, contra 13% para os 50% que emitem menos) e 57% das emissões superiores a 9,1 vezes a média (ou seja, o topo do 1% das emissões individuais mundiais, responsáveis por 14% das emissões).

Fontes e séries: www.piketty.pse.ens.fr/egalite.

Para verificar as desigualdades em termos internacionais, vejamos a Imagem 17, resultado de pesquisas conduzidas com Lucas Chancel, de nosso laboratório, abrangendo as desigualdades mundiais. A distribuição das emissões de carbono totais, em massa, é indicada na primeira coluna, da esquerda para a direita: verificamos que a América do Norte, a Europa e a China se encontram em níveis comparáveis. Salvo que isso corresponde a populações muito diferentes, e a uma distribuição de emissões também muito diferente. Contudo, é importante ressaltar que tais dados foram corrigidos a partir do valor de emissões contido nos produtos importados. Na verdade, com frequência, nos contentamos em verificar as emissões territoriais esquecendo todas as emissões subcontratadas fora do país e, mais tarde, consumidas após a importação dos bens em questão. Ao integrar essa perspectiva ao estudo, o gráfico possibilita uma visão um pouco mais equilibrada da situação.

Mas é preciso, sobretudo, examinar as outras cores apresentadas na Imagem 17. As últimas colunas, da esquerda para a direita, por exemplo, representam não a distribuição das emissões totais, mas a dos grandes emissores, ou seja, as emissões individuais superiores a mais de nove vezes a média mundial. A média mundial dos 7 bilhões de seres humanos chega a cerca de 6 toneladas de carbono.

Imagem 18: Emissões *per capita* por região do mundo, 2019

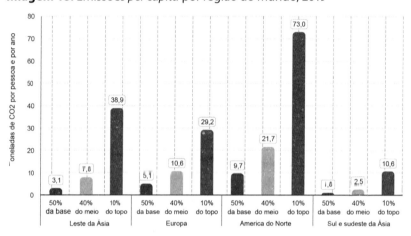

A pegada de carbono individual é composta das emissões resultantes do consumo interno, de investimentos públicos e privados, e de importações líquidas de bens e serviços provenientes do restante do mundo. Estimativas modelizadas baseadas na combinação sistemática de dados fiscais, de enquetes junto a famílias e de planilhas de entradas e saídas. Emissões divididas em partes iguais entre os membros das famílias.

Fontes: wir2022.wid.world/methodology e Chancel (2021).

As emissões representadas na última coluna, da esquerda para a direita, correspondem assim a mais de 54 toneladas por pessoa; elas equivalem ao 1% do topo das emissões individuais em termos mundiais e representam sozinhas um volume maior de emissões que os 50% do planeta que emitem menos carbono. Mais de 55% dessas emissões são provenientes da América do Norte, seguidas da Europa e, por fim, da China.

Essa distribuição mundial das responsabilidades no que tange às emissões de carbono é absolutamente assimétrica. Portanto, seria possível imaginar que, quando as catástrofes climáticas se tornarem ainda mais sérias que as de hoje, alguns países possam pedir um ajuste de contas a outros e, quem sabe, a revisão de seu regime comercial com eles. Não sei qual o grau de catástrofe será preciso alcançar para chegar a tal ponto, mas o fato é que a situação atual é muito assimétrica.

O segundo ponto diz respeito às desigualdades dentro dos países. A Imagem 18, extraída do *Rapport sur les inégalités mondiales 2022*, apresenta os níveis de emissão de carbono em toneladas *per capita* observando o mesmo tipo de distribuição já examinada em relação às rendas e aos patrimônios, na qual são comparados os 50% da base (os que emitem menos carbono), os 10% do topo e os 40% do meio. Na Europa, a média dos 50% que emitem menos carbono – correspondente em média aos 50% mais pobres – gira em torno de 5 toneladas (entre 4 e 4,5 toneladas para a França). Para obter um patamar de emissão de carbono sustentável, seria necessário reduzir essas emissões a 2 ou 3 toneladas. Esse grupo, portanto, se enquadra nos objetivos oficiais para 2030 e 2040. Em contrapartida, o consumo dos 10% do topo chega a 29, 30 e 35 toneladas por pessoa. E, se considerarmos o 1% do topo, na Europa a emissão de carbono atinge de 60 a 70 toneladas. Nos Estados Unidos, os 10% do topo já alcançaram um valor superior a 70 toneladas.

Uma política de redução das emissões abrangendo toda a população e obedecendo às mesmas proporções enfrentaria problemas inevitáveis. De fato, será dificílimo convencer quem emite de 4 a 5 toneladas da necessidade de reduzir suas emissões na mesma proporção de quem emite de 30 a 70 toneladas. Como imaginar que estratégias destinadas a aumentar ou a permitir o aumento dos preços da energia nas mesmas proporções para todo mundo serão adotadas? Pelo contrário, tais políticas só suscitarão revoltas fiscais como a dos coletes amarelos nos anos e décadas vindouros. Sobretudo porque, com bastante frequência, tais soluções protegem os consumos energéticos dos mais ricos (em particular, o querosene usado para abastecer a aviação).

Assim, é difícil imaginar um meio de enfrentar esses desafios sem exigir reduções proporcionais muito maiores de quem emite quantidades mais elevadas de carbono. Isso exigiria a adoção de um legítimo sistema dotado de ferramentas como créditos de carbono progressivos. Exigiria também, necessariamente, uma redução drástica das discrepâncias de rendas e de fortunas.

Conclusão

Mesmo trabalhando com base em dados históricos, encontramos dificuldade em prever a evolução da situação e o que o futuro nos reserva. Ainda assim, vou me aventurar a apresentar duas hipóteses.

Em primeiro lugar, tão logo as consequências da mudança climática sejam sentidas de modo bem mais concreto na vida de todos, não é impossível imaginar que as atitudes face ao sistema econômico mudem de modo rápido, tanto na Europa quanto no restante do mundo.

Contudo, espero tê-los convencido de que a história das desigualdades não é um extenso rio tranquilo. Muitas batalhas pela igualdade foram travadas, podem ser travadas e foram vencidas. Há um movimento de longo prazo limitado, mas real, rumo à igualdade. Essas questões de economia, finanças, dívidas públicas e distribuição de riquezas são importantes demais para serem deixadas nas mãos de um grupo reduzido de economistas e especialistas, muitas vezes bastante conversadores. Em vez de expandir a perspectiva histórica e comparativa, eles costumam usar lornhão em busca de soluções únicas. Precisamos que outros pesquisadores da área de ciências sociais – historiadores, sociólogos, cientistas políticos, antropólogos e etnólogos – se apropriem desses assuntos, inclusive de seus aspectos técnicos, e tomem partido. Não devemos deixar os problemas nas mãos de outros. Essa democratização do saber econômico e histórico pode, deve e tem de se tornar parte importante de um movimento visando a democratização da sociedade em seu conjunto e a melhor distribuição do poder.

Agradeço a todos pela atenção.

Referências bibliográficas

CHANCEL, Lucas; PIKETTY, Thomas; SAEZ, Emmanuel; SUCKMAN, Gabriel *et al.* (coord.). *Rapport sur les inégalités mondiales 2022*, Paris, Éditions du Seuil/World Inequality Lab.

PIKETTY, Thomas. *Capital et idéologie*. Paris: Éditions du Seuil, 2019. [Ed. bras.: *Capital e ideologia*. Tradução de Dorothée de Bruchard e Maria de Fátima Oliva Do Coutto. Rio de Janeiro: Intrínseca, 2020.]

_____. *Une brève histoire de l'égalité*. Paris: Éditions du Seuil, 2021. [Ed. bras.: *Uma breve história da igualdade*. Tradução de Maria de Fátima Oliva Do Coutto. Rio de Janeiro: Intrínseca, 2022.]

_____. Apresentação da Conferência Eugène Fleischmann XIII. Paris, Musée du quai Branly, 2022. Disponível em: <www.piketty.pse.ens.fr/files/Piketty2022SE.pdf>. Acesso em: 21 mar. 2024.

WORLD INEQUALITY DATABASE. Disponível em: <www.wid.world>. Acesso em: 21 mar. 2024.

Este livro foi impresso na tipografia ITC Galliard Pro,
em corpo 10,5/16, e impresso em papel off-white
na Gráfica Plena Print.